FACULTÉ DE MÉDECINE DE PARIS.

N.

THÈSE

POUR

LE DOCTORAT EN MÉDECINE

Présentée et soutenue le 8 janvier 1875.

PAR

Paul VAISSETTE

Né à Saint-Péray (Ardèche)

EX-AIDE MAJOR DES HOPITAUX MILITAIRES DE TOULOUSE

CONSIDÉRATIONS

SUR

L'USAGE PRÉMATURÉ ET ABUSIF

DU CORSET

PARIS

A. DERENNE, BOULEVARD SAINT-MICHEL, 52

1874

FACULTE DE MEDECINE DE PARIS

Doyen, M. WURTZ.

Professeurs.

	MM.
Anatomie	SAPPEY.
Physiologie	BECLARD.
Physique médicale	GAVARRET.
Chimie organique et chimie minérale	WURTZ.
Histoire naturelle médicale	BAILLON.
Pathologie et thérapeutique générales	CHAUFFARD.
Pathologie médicale	AXENFELD. HARDY.
Pathologie chirurgicale	DOLBEAU. TRELAT.
Anatomie pathologique	CHARCOT.
Histologie	ROBIN.
Opérations et appareils	LEFORT.
Pharmacologie	REGNAULD.
Thérapeutique et matière médicale	GUBLER.
Hygiène	BOUCHARDAT
Médecine légale	TARDIEU.
Accouchements, maladies des femmes en couches et des enfants nouveaux-nés	PAJOT.
Histoire de la médecine et de la chirurgie	LORAIN.
Pathologie comparée et expérimentale	VULPIAN.
Clinique médicale	BOUILLAUD. G. SEE. LASÈGUE. BEHIER.
Clinique chirurgicale	VERNEUIL. GOSSELIN. BROCA. RICHET.
Clinique d'accouchements	DEPAUL.

Professeurs honoraires.

MM. ANDRAL, le Baron J. CLOQUET, DUMAS

Agrégés en exercice.

MM. ANGER, Benj.	MM. DUBRUEIL.	MM. GRIMAUX.	MM. LEDENTU.
BERGERON.	DUGUET.	GUENIOT.	OLLIVIER.
BOUCHARD.	DUPLAY.	HAYEM.	PAUL.
BOUCHARDAT fils	DUVAL,	ISAMBERT.	PÉRIER.
BROUARDEL.	FERNET.	LANCEREAUX.	POLAILLON.
DAMASCHINO.	GARIEL.	LANNELONGUE.	RIGAL.
DELENS.	GAUTIER.	LECORCHÉ.	TERRIER.

Agrégés libres chargés de cours complémentaires.

Cours clinique des maladies de la peau	MM. HARDY.
— des maladies des enfants	ROGER.
— des maladies mentales et nerveuses	BALL.
— d'ophtalmologie	PANAS.
Chef des travaux anatomiques	Marc SÉE.

Examinateurs de la thèse.

MM. BOUCHARDAT, président ; BROCA, GUENIOT, HAYEM, examinateurs.

M. PINET, Secrétaire.

Par délibération du 9 décembre 1798, l'Ecole a arrêté que les opinions émises dans les dissertations qui seront présentées doivent être considérées comme propres à leurs auteurs et qu'elle n'entend leur donner aucune approbation ni improbation.

A MON PÈRE

A LA MÉMOIRE DE MA MÈRE

MEIS ET AMICIS

A MES MAITRES

A M. MIALHE

Professeur-agrégé à la Faculté de Médecine de Paris
Membre de l'Académie de Médecine

A MON PRÉSIDENT DE THÈSE

M. BOUCHARDAT

Professeur d'hygiène à la Faculté de Médecine

CONSIDÉRATIONS

SUR

L'USAGE PRÉMATURÉ ET ABUSIF DU CORSET

Il est peu de femmes dans nos villes qui ne portent pas de corset, si dans nos campagnes cet usage est plus restreint, il tend néanmoins à s'y introduire chaque jour davantage ; conséquence fatale du contact plus fréquent qu'amène la facilité des communications entre les populations rurales et urbaines.

Après avoir eu ses détracteurs acharnés, si le corset n'a jamais eu que je sache de bien chauds partisans, il s'est trouvé des médecins, des hygiénistes qui plus tolérants ont taxé d'exagération les inconvénients et les dangers qui lui étaient attribués. En présence de deux opinions contraires nous devons nous demander quelle est la vraie. A notre avis, comme toutes celles qui touchent à l'hygiène de la femme, la question est importante : au physique comme au moral, les femmes nous font ce qu'elles sont : inaptes ou inhabiles à supporter les charges de la maternité, elles donnent le jour à des enfants malingres et chétifs, sinon incapables de vivre, du moins incapables le plus souvent, hommes, de remplir leurs devoirs envers la patrie, femmes envers la famille.

Nous avons voulu savoir à quoi nous en tenir et, nous aidant de divers travaux faits sur ce sujet ainsi que de quelques observations qui nous sont propres, aller à la recherche de la vérité.

Si le corset est une invention des temps modernes, l'usage de se serrer la taille remonte fort haut. La mythologie nous représente Vénus parée d'une ceinture merveilleuse donnant la grâce et la beauté nécessaires pour plaire, ce qui montre, croyons-nous, que si comme le prétendent certains auteurs, l'usage des *fasciæ* répondait au début au besoin, chez les femmes, de se soutenir la taille, la coquetterie ne tarda pas à s'en mêler.

Térence (159 av. J.-C.) se moque dans une de ses pièces (L'Eunuque) de la dangereuse coutume de comprimer outre mesure la taille des jeunes filles.

Galien (131 de J.-C.) dans un passage de son livre des causes des maladies en signale les dangers.

Une longue série de siècles s'écoule, et nous trouvons en France Jean Jacques Rousseau critiquant les corps de baleine avec la verve qu'on lui connaît;

Les A. Paré, les Winslow, les Vanswieten, traitant la question au point de vue médical et s'élevant de toutes leurs forces contre ces cuirasses, pour se servir de l'expression de Buffon, qui sous prétexte de redresser la taille causent plus de difformités qu'elles n'en préviennent.

C'est à Catherine de Médicis que remonte l'introduction

des corps à baleine en France; sans entrer dans de nombreux détails sur leur mode de construction, disons en peu de mots en quoi ils consistaient.

Winslow les a comparés à une sorte de hotte fendue par le côté plat et échancrée de côté et d'autre par en haut. Cette comparaison rend assez bien compte de leur forme, le fer et le plomb entraient dans leur confection pour leur donner la rigidité nécessaire, la taille était emprisonnée dans une sorte d'étui large par le haut, étroit par le bas, qui, moule inflexible, lui donnait une forme de convention, et ne pouvait que s'opposer au libre jeu des organes contenus dans les cavités thoraciques et abdominales.

Ambroise Paré ne cessa de battre en brèche jusqu'à sa mort, survenue en 1790, l'usage abusif que l'on en fit à la cour de France et que par esprit d'imitation, noblesse et bourgeoisie ne tardèrent pas à adopter, les accusant de produire des déviations de la taille, de donner lieu fréquemment à l'avortement.

Cinquante ans plus tard Riolan, médecin de Marie de Médicis, remarquait que les filles nobles de France avaient l'épaule droite plus haute et plus grosse que la gauche, déformation que Winslow n'hésite pas à attribuer à la pression produite par le corps à baleine.

« Les épaules, dit-il, sont inégalement comprimées par « la première application de ces corps, et par là également « empêchées de prendre croissance. Peu à peu le plus de « mouvement d'un bras que de l'autre, et pour l'ordi- « naire du bras droit plus que du bras gauche, force et

« dégage par degrès la portion du corps à baleine qui « y répond, pendant que par l'inaction ou le moins « de mouvements de l'autre bras la première forme de « l'autre pression du corps à baleine reste comme elle « était, de sorte que par là, l'omoplate qui s'est fait un « peu plus d'espace prend nourriture, pendant que l'autre « reste comme étranglée (Winslow, in mem. acc. roy. « 1741). » De nos jours on reconnait comme cause assez fréquente d'avortement, la malencontreuse pression du corset.

« Il y a deux causes occasionnelles sans violence mani- « feste qui produisent *à elles seules* un assez grand nombre « d'avortements dans les premiers mois du mariage surtout. « Ce sont : l'usage d'un corset trop serré, et l'abus du « coït. Un corset trop serré embrassant tout le ventre, « gêne nécessairement le libre développement de l'utérus, « et à un moment donné cet organe se révolte contre « cette pression, entre en contractions prématurées, « décole l'œuf et l'expulse. (L. Penard, Guide pratique « de l'accoucheur). »

Spigel signala la prédisposition aux crachements de sang, les maladies de langueur, comme résultat de l'usage des corps à baleine, d'accord en cela avec M. Damaschino qui classe l'usage du corset parmi les causes étiologiques de la tuberculose (th. d'Ag.).

Sœmmering vit un estomac partagé en deux par l'excessive et longue compression d'un corset orné d'un busc d'acier ; singulière coïncidence, en 1842, Lefevre de Brest fait remarquer dans ses recherches pour servir à l'histoire des solutions de continuité de l'estomac, que tous les cas de rupture de cet organe cités par lui ont été observés chez des personnes du sexe féminin et il se demande si cette prédisposition ne tiendrait pas à l'usage de corsets trop serrés.

Littérateurs, critiques et médecins ne se sont pas seuls occupés de la question. Aux ridicules créés par les premiers, aux dangers signalés par les seconds, la mode fermait les yeux et les oreilles ; en Allemagne vers la fin du XVIIIe siècle, un prince essaya de vaincre malgré elle cette dangereuse coutume ; en ce temps d'autorité un décret pouvait suffire, Joseph II le rendit : Ordre fut donné aux maisons d'orphelines, aux couvents et enfin à toutes les institutions consacrées à l'éducation des personnes de l'autre sexe de proscrire rigoureusement le corset. Et afin de verser une sorte de mépris sur ce vêtement il fut ordonné en outre que les femmes condamnées par punition corporelle aux travaux publics le porteraient désormais.

Rien n'y a fait, l'usage des corps baleinés, transformés sous la révolution en corsets à la paresseuse pour devenir de nos jours corsets lacés, s'est perpétué jusqu'à nous, relégué jadis chez nos élégantes, apanage des petites-maîtresses, il est général aujourd'hui et peu de femmes consentiraient de bonne grâce à y renoncer.

Allons-nous comparer les corps de Catherine de Médicis aux corsets modernes ? Quel rapport y a-t-il entre ces affreuses machines à lames de fer et de plomb, et cet étui de satin blanc orné de baleines flexibles et de minces lamelles d'acier ?

Dans ce qui précède nous n'avons pas eu l'intention d'écrire un historique du corset, M. Bouvier, dans un excellent rapport à l'Académie de médecine, l'a fait mieux et plus longuement que nous n'aurions pu le faire nous-même. En établissant un parallèle entre les auteurs des XVIe, XVIIe, XVIIIe siècles, et ceux du XIXe, et en faisant voir par quelques citations prises au hasard pour ainsi dire au milieu de nombreux écrits, que ces derniers attribuent au corset les effets nuisibles que les premiers reprochaient aux corps de baleine de leur temps, nous avons voulu montrer que si sous le rapport de l'élégance et de la légèreté, les corsets de nos jours sont bien différents des corps d'autrefois, ils ne laissent pas de présenter pour les personnes qui en font usage une partie des inconvénients et des dangers qu'on reconnaissait aux corps baleinés.

Un corset est comparable à deux troncs de cône réunis par leur sommet en forme de sablier ; le haut répond aux seins, la partie inférieure s'étale sur les hanches et la partie supérieure de l'abdomen ; postérieurement existe un système de lacets qui, destiné à lui donner toute la laxité voulue, sert plutôt à diminuer son calibre le plus possible ; en avant sont deux tiges d'acier avec des agraffes.

Mis en place le corset entoure circulairement le thorax et la partie supérieure de l'abdomen ; les caprices de la mode transportent le maximum de pression qui correspond à la partie étranglée du vêtement, tantôt plus haut, tantôt plus bas, suivant que l'on porte la taille haute ou basse. Mais à quelque endroit que s'exerce cette pression maximum, il n'en existe pas moins une compression générale du thorax sous l'influence dès autres parties du corset, compression qui peut avoir les plus fâcheuses conséquences et que les femmes supportent pendant la moitié de leur existence, car beaucoup se lacent au saut du lit et ne quittent leur corset que pour dormir.

Nous connaissons une personne de très-bonne et très-honorable famille, qui nous a affirmé, un jour où nous causions corset avec elle, que vers l'âge de 32 ans, elle avait gardé le sien jusqu'à 48 heures de suite. Pour combattre un embonpoint trop prématuré à son gré : il me fallut renoncer à ce moyen, nous dit-elle, il me causait trop de gêne et me détériorait la santé ; ce sont là ses propres expressions.

Peut-être admettrons-nous par la suite qu'un corset bien fait peut servir à soutenir la taille chez les personnes faibles, à contenir les seins des femmes d'un certain âge, chez lesquelles ces organes devenus moins fermes après des grossesses et des allaitements répétés, tombent sur le devant de la poitrine, (c'est du corset qu'un auteur a dit : je soutiens les faibles, je maintiens les superbes et rappelle les égarés); à retenir les jupons et empêcher le lien qui les attache de marquer défectueusement les hanches ; nous réservant de montrer combien on doit agir avec prudence, combien il faut prendre de ménagements quand on veut finir sa vie jolie femme et en bonne santé. Sous le rapport de la coquetterie, qui maintiendra la femme dans une juste mesure ? Reveillé-Parise parle d'une dame qui se faisait lacer en trois fois ; s'il existe des incrédules, dit-il, qu'ils s'initient à la toilette de nos élégantes, ils verront combien en cette matière les femmes sont intrépides dans l'extravagance.

A priori il est évident qu'à la suite d'une pression quelconque le jeu des organes qui la supportent doit être gêné et subir des modifications en rapport avec son degré d'intensité, que si ces organes sont importants le changement survenu dans la manière dont ils accomplissent leurs fonctions doit avoir un retentissement sur l'économie entière.

Le tronc, dans l'espèce humaine, se compose de deux cavités séparées par le diaphragme, la cavité thoracique et la cavité abdominale, la première contient les poumons, le cœur et les gros vaisseaux, dans la seconde se trouvent le foie, la rate, le pancréas, l'estomac, l'intestin, les reins, la vessie, l'utérus et ses annexes chez la femme. Chacun de ces organes ont leur rôle particulier pour ainsi dire, qu'un seul soit troublé dans ses fonctions, aucun ne pourra suppléer l'organe atteint et tous plus ou moins seront en souffrance; les fonctions auxquelles ils président ne s'accomplissant pas régulièrement, des incommodités pénibles, de graves maladies, la mort même pourront survenir.

Notre étude portera : 1° Sur les troubles respiratoires ;
2° Sur les troubles de la circulation;
3° Sur les troubles de la digestion;
4° Sur les troubles des fonctions génératrices qui peuvent survenir à la suite d'un usage prématuré ou abusif du corset.

Nous nous attacherons surtout à justifier ces troubles et à montrer, que s'iis ne se produisent pas toujours, eu égard à des circonstances particulières et dont il est difficile de tenir compte, on peut, s'ils se produisent, les attribuer au corset.

La respiration est cette fonction de l'économie, qui a pour but la transformation du sang veineux en sang artériel ; à cet effet, l'air est introduit dans l'intérieur du poumon, entre en contact médiat avec le sang veineux, et le rend apte à vivifier et nourrir à nouveau les organes (Béclard).

L'acte respiratoire s'accomplit en deux temps : inspiration et expiration.

C'est dans tous ses diamètres que pour faire appel à l'air extérieur, la poitrine se dilate pendant l'inspiration: suivant son diamètre antéro-postérieur, par un mouvement d'élévation des côtes ; suivant son diamètre transversal, par un mouvement de rotation de ces mêmes côtes autour d'une corde fictive qui réunirait l'extrémité sternale à l'extrémité vertébrale et ces mouvements que nous nommerons mouvements de la ceinture costo-sternale, s'accomplissent par le jeu des muscles dits inspirateurs ; quant au diamètre vertical il est directement augmenté par l'abaissement du muscle diaphragme.

Pour que l'intégrité de la fonction soit assurée il est nécessaire, on le comprend sans peine, que rien ne vienne entraver le jeu des organes inspirateurs; le poumon suffisamment développé doit offrir à l'air une surface capable autant que possible de le mettre en contact avec tout le sang à hématoser pour les besoins de l'organisme et la cage thoracique régulièrement conformée doit être assez vaste pour que cet organe puisse se dilater complétement, et recevoir la quantité d'air suffisante.

« C'est en vain que l'on chercherait dans l'économie, « dit M. le professeur Sappey, un appareil où l'énergie de « fonction soit plus rigoureusement liée au volume des or- « ganes; une poitrine largement développée accuse tou- « jours des poumons volumineux, une respiration puissante, « une circulation rapide, une nutrition active, un grand « développement des muscles; elle annonce en un mot la « plénitude de la vie et la vigueur de la constitution. »

La goutte d'eau qui tombe continuellement à la même place sur le roc finit par le percer; une compression même légère exercée sur un organe nuit à son développement, pourvu qu'elle soit suffisamment prolongée. C'est par ce moyen que les chinoises arrêtent l'accroissement de leurs pieds et arrivent parfois à les avoir d'une petitesse telle qu'ils permettent à peine la marche et la station debout. Cela est bien porté dans le céleste Empire et quels que soient les inconvénients qui en résultent, nous aimerions mieux voir nos femmes se comprimer les extrémités inférieures au lieu de se comprimer le thorax. — Nous savons ce qu'est le corset et sommes sûrs de n'être pas contredits en disant que porter un corset, c'est comprimer les parties sur lesquelles il est appliqué. En l'imposant à une trop jeune poitrine, on s'expose donc à voir la charpente osseuse du thorax s'arrêter dans son développement, les muscles qui doivent la mouvoir rester minces et grêles. Le poumon enfermé dans une loge trop étroite ne peut dans ces conditions permettre à l'air de vivifier un sang qui ne demanderait qu'à se répandre dans les organes pour leur porter la chaleur et la vie.

« Vous aimez donc mieux, disait Bonnaud en 1770, « mères assujetties à de funestes préjugés, vous aimez donc « mieux avoir des filles qui aient la stature de marionnet- « tes, que de pouvoir jouir de la douce satisfaction d'avoir « donné le jour à des enfants bien conformés ; ce serait « trop bourgeois d'avoir à vos tables des enfants bien « nourris, vous aimez mieux n'avoir que des squelettes. »

Que de femmes n'ont la taille fine qu'aux dépens de leur santé ! Un simple regard jeté sur les jeunes personnes de nos villes nous les montre frêles et faibles en général ; elles ont l'haleine courte, un rien les fatigue, un rien les rend souffrantes ; je veux bien admettre dans une certaine mesure que c'est l'air pur de la campagne qui leur manque, mais je n'en suis pas moins persuadé que la plupart de leurs malaises reconnaissent pour cause leur manière de vivre, les habitudes que la mode les force à contracter et en particulier celle de se servir d'un corset, surtout d'un corset trop serré, comme cela a lieu ordinairement.

En admettant même que le thorax se développât régulièrement, la forme que lui donne l'usage du corset suffirait seule à gêner l'inspiration. M. le docteur Jules Guillet démontre en effet mathématiquement dans sa thèse (1859) que plus un thorax est aplati et conique, plus il est dilatable. Incontestablement le corset doit en rétrécissant la base du thorax lui donner une forme arrondie, le contenu se moule autant que possible sur le contenant. Nous avons vu dans le service de M. le docteur Delpech à l'hospice Necker, une jeune femme dont les diamètres inférieurs de la cage thoracique étaient égaux à un centimètre près, lorsqu'ils auraient dû avoir 6 centimètres de différence d'après une moyenne donnée par M. le professeur Sappey.

Couchée au numéro 1 de la salle Sainte-Adelaïde, la nommée M.., entrée à l'hôpital au mois de janvier 1874, nous parut avoir la taille singulièrement conformée ; nous l'interrogeâmes alors à ce sujet, et elle nous dit que depuis sa jeunesse elle portait un corset que parfois elle nous avoua serrer outre mesure. Après avoir entouré le thorax d'un cordon passant à 6 centimètres 1/2 au-dessus de l'ombilic, et tendu de façon à ce qu'il simulât une coupe horizontale du tronc en cet endroit, la mensuration faite à ce niveau à l'aide du compas d'épaisseur de Baudelocque nous donna les résultats suivants :

Diamètre antéro-postérieur :	0,203 mm.
transverse :	0,219 mm.

Résultat en rapport avec l'opinion de M. Richet « ce n'est pas chose commune, dit le célèbre chirurgien de l'Hôtel-Dieu, que de rencontrer une poitrine normalement conformée ; chez les femmes adultes cela est à peu près impossible à cause de l'usage des corsets qui semblent avoir pour but de lutter contre la forme naturelle du thorax ; en cherchant à arrondir la taille et à la faire fine autant que possible, ils tendent en effet à rendre le diamètre transversal égal au diamètre antéro-postérieur et à resserrer la partie naturellement la plus évasée.

Un de nos amis nous a assuré avoir vu dans le service de M. le docteur Bucquoy, à l'hôpital Cochin, une femme ayant une conformation analogue, et nous regrettons vivement de n'avoir pas eu l'observation assez exacte pour pouvoir la publier.

Incontestablement l'usage prématuré du corset rend l'inspiration plus difficile et moins efficace. L'expiration est-elle plus libre ? Ce second temps en général plus facile à l'état de santé, s'accomplit presque par la seule élasticité du poumon, lors du retour au repos des agents actifs du premier. Mais en supposant que l'organe pulmonaire n'ait subi en rien l'influence de la compression quant à son développement, sa texture et sa composition intimes, la petitesse de la cage thoracique, la faiblesse des agents inspirateurs ne lui permettront pas de se dilater complétement, et nous croyons qu'il perdra par cela même une partie de sa force élastique. Un ballon de caoutchouc revient avec d'autant plus de force sur lui-même pour expulser l'air insuflé à son intérieur que l'on a dans l'insuflation approché davantage de sa limite d'élasticité. D'après cela bien que, nous le répétons, le poumon ait conservé toutes ses propriétés, ce qui certainement pourrait ne pas arriver, incomplétement dilaté, il ne pourra chasser avec autant de force, peut-être même complétement l'air introduit à son intérieur.

Indépendamment de toutes les considérations pathologiques que l'on pourrait tirer de ces faits, dans les circonstances usuelles de la vie, pour le besoin des relations, les femmes font un usage fréquent de la parole ; nous n'avons pas à entrer ici dans des considérations philosophiques ni morales, nous parlons seulement du fait physiologique ; le chant est à la mode dans nos soirées ; et le chant et la phonation ne s'accomplissent comme on sait que grâce à une expiration longue et prolongée. Que va-t-il se passer ? pour peu que la conversation soit animée, que la phrase musicale nécessite, par l'élévation de son timbre, le rhythme de sa mesure, un effort de voix, à l'expiration succédera un besoin irrésistible d'inspirer fortement, car les deux actes sont intimement liés ensemble, et alors les puissances inspiratrices suffiront-elles complétement à la tâche qui leur est imposée ? Nous ne le pensons pas ; nous croyons au contraire que les femmes qui, dès l'enfance, ont porté un corset trop serré, pour que leur taille ne s'épaississe pas, seront dans un état continuel de gêne eu égard aux organes respiratoires. Et le rire, cette suite d'expirations saccadées par lesquelles s'expriment la joie bruyante de l'enfant, la gaieté et l'insouciance de la jeune fille, elles ne pourront s'y livrer en toute liberté. Ne pouvoir parler, ne pouvoir pas rire, quel supplice pour une femme !

Mais supposons que ce ne fût qu'après son complet développement, lorsque déjà sur le retour elle se voit menacée d'un embonpoint trop prématuré, supposons, dis-je, que ce ne fut qu'à ce moment là que la femme se servit du corset, corset qu'alors inévitablement elle serrerait outre mesure pour se conserver des formes de jeune fille, la respiration n'en serait pas plus libre. Nous ne comprenons pas comment alors les côtes pourraient exécuter leur mouvement de rotation, leur mouvement d'élévation, lorsqu'on les a vues pressées et comprimées à un tel point qu'elles chevauchaient les unes sur les autres et imprimaient de profonds sillons dans le foie (Cruveilhier). Le diaphragme ne pourrait pas non plus se tendre librement; les intestins refoulés par la pression que leur transmet les parois abdominales sur lesquelles s'exerce l'action directe de la partie inférieure du corset, repoussent à leur tour, le foie, la rate, l'estomac. Or ce n'est qu'en abaissant ces organes que le diaphragme augmente efficacement le diamètre vertical du thorax, et il ne pourrait le faire sans gêne, car il serait obligé de contre balancer la pression du corset.

On a dit que la femme pouvait parer à tous ces inconvénients, grâce au type costal supérieur que MM. Beau et Maissiat ont démontré exister normalement chez elle. Ici qu'il nous soit permis de dire ce que nous avons observé chez les robustes et fortes filles de la campagne qui n'avaient point encore courbé la tête sous le servilisme de la mode : le type costal supérieur est bien peu marqué chez elles, nous dirons qu'il y est à l'état latent. Nos élégantes devraient mettre en réserve cette ressource providentielle de la nature afin de ne s'en servir que dans le seul cas pour lequel elle ait été ménagée à la femme, je veux dire l'état de grossesse.

Telle est, croyons-nous, l'influence d'un corset trop serré sur l'acte respiratoire. A son usage prématuré, inconscient et abusif, succède la faiblesse d'organes importants qui, plus impressionnables par cela même aux influences du dehors, contractent avec une déplorable facilité une foule de maladies et sont prédisposés à toutes. Qu'une phlegmasie aiguë s'empare d'eux elle sera toujours très-grave, lorsqu'elle eût pu n'offrir que peu de dangers.

Que de processus néoplasiques ont été favorisés par la malencontreuse pression du corset! — En étudiant en quoi le corset pouvait entraver les fonctions respiratoires, nous avons vu qu'il s'opposait à l'hématose. C'est donc incomplètement vivifié que le sang sort du poumon pour rentrer de nouveau dans la grande circulation et nous sommes ainsi conduits à examiner si la petitesse du thorax n'occasionne aucun trouble circulatoire; si de ce côté rien ne menace la femme qui abuse du corset. Que n'aurait-elle pas à redouter, si le sang déjà chargé d'acide carbonique dont il n'a pu se débarrasser, et peu propre à la nutrition, voyait encore des obstacles s'opposer à son libre cours?

La circulation est un mouvement successif et pour ainsi dire circulaire du sang, qui est poussé par le cœur dans les artères et rapporté à cet organe par les veines pour en repartir de nouveau (Litté et Robin).

Chassé du cœur vers la périphérie du corps, le sang artériel brûle l'oxygène dont il est chargé dans les divers organes, et le sang veineux revient au cœur chargé des produits de la combustion, c'est-à-dire d'acide carbonique ; c'est ce qu'on nomme la grande circulation. Pour s'oxygéner de nouveau le sang repart et traverse le poumon où il est mis en contact avec l'air extérieur; là s'opère l'échange des gaz, il revient au cœur : c'est la petite circulation.

Le cœur, dans l'espèce humaine, est logé entre les poumons dans le thorax ; son extrémité inférieure est dirigée un peu obliquement à gauche et en avant et son extrémité supérieure, qui donne naissance à tous les vaisseaux en communication avec son intérieur, est fixée aux parties voisines à peu près sur la ligne médiane du corps. Dans le reste de son étendue, le cœur, enveloppé dans le péricarde, espèce de double sac membraneux dont la surface interne est partout en contact avec elle-même, parfaitement lisse et continuellement humectée par un liquide particulier, est et a besoin d'être complétement libre pour remplir efficacement sa fonction. En effet pour chasser le sang contenu dans ses cavités, le cœur se contracte fortement, mais, à chaque contraction, il est non-seulement projeté en avant et appliqué avec force contre les parois de la poitrine, ce qui détermine le choc précordial, mais s'abaisse légèrement en bas et exécute en même temps un léger mouvement de torsion autour de son axe longitudinal.

Nous n'avons pas besoin de revenir sur ce que nous avons dit quant à l'action du corset sur les parois thoraciques; soit par arrêt de développement, soit par action directe, la capacité de la poitrine est diminuée, et nous avons vu que le poumon fut-il sain ne pouvait qu'imparfaitement remplir son rôle; le cœur doit être dans les mêmes conditions; en effet, les mouvements qu'il exécute dans ses contractions contribuent à les rendre plus énergiques et lui permettent de se débarrasser complètement du sang contenu dans ses cavités; que l'espace dans lequel il se meut vienne à s'amoindrir sous une influence quelconque, il n'aura plus la même liberté, perdra une partie de sa force, chassera peu de sang à la fois et ses parois, continuellement excitées par le sang qui n'a pu s'échapper, chercheront à suppléer par la fréquence au manque d'énergie des contractions. De là, des palpitations pénibles et une gêne extrême pour la femme.

Si les partisans du corset nous accusaient d'exagération, en admettant même que le cœur conservât assez de vigueur pour se débarrasser sans peine du sang artériel, nous ne leur ferions pas la part bien belle, car en examinant la façon dont le sang veineux opère son retour, nous y trouverions d'assez sérieux obstacles pour être obligés d'en tenir compte.

On sait que la progression du sang dans les veines est due en partie à une sorte d'aspiration.

Pendant l'inspiration un vide virtuel s'établit entre les poumons et le thorax et l'air se précipite dans cet organe pour le combler; ce même vide se forme dans le péricarde comme dans les plèvres, et le sang est attiré de toutes parts vers les cavités cardiaques soumises à un mouvement de dilatation ; tandis que les valvules sigmoïdes empêchent que le sang artériel ne reflue, la route est libre pour le sang veineux et rien ne s'oppose à son aspiration par les oreillettes. Mais que la cage thoracique ne se dilate pas suffisamment, la dilatation du cœur sera moindre, et c'est en moindre quantité que le sang des veines y pénètrera. Si cette aspiration n'est très-marquée il est vrai qu'au voisinage de l'organe propulseur, son influence n'en est pas moins évidente et s'explique par la tendance qu'a la colonne sanguine placée dans les branches plus éloignées du système circulatoire à combler le vide que laisse celle que vient de faire progresser le mouvement d'inspiration.

Les évanouissements, les syncopes sont fréquents chez les femmes qui ont la déplorable habitude de trop se serrer la taille. Le séjour dans un endroit peu aéré, une émotion un peu vive, un exercice trop violent suffisent pour les déterminer.

Les poumons peu dilatables reçoivent une quantité d'air insuffisante, la respiration se fait plus vite en raison du besoin impérieux qui se fait sentir, le cœur bat avec précipitation, pouvant à peine suffire à sa tâche, les veines ne peuvent se débarrasser du sang qu'elles contiennent ; la circulation générale est troublée.

Les gens du monde, lorsque, pour se servir de l'expression vulgaire, une femme se trouve mal, dans une fête, dans un bal, au théâtre, les gens du monde, disons-nous, connaissent parfaitement la cause de ce malaise et cherchent à y remédier en la supprimant : délacez-la ! est le cri qui s'échappe de toutes les bouches, et cela seul suffit le plus souvent à faire reprendre ses sens à celle qui eut la malheureuse idée de trop serrer son corset pour faire remarquer la finesse de sa taille. En cette occasion cet instrument a pu servir à la rendre intéressante mais n'a certes pas contribué à lui donner un brevet de force ni de santé !

Nous savons bien que la trop grande agglomération de personnes, la flamme des becs de gaz ou des bougies, vicient l'air et ne sont pas tout-à-fait étrangères à ces malaises, mais nous ne croyons pas qu'elles en soient la cause unique. *Ex juvantibus et nocentibus fit diagnostitio.*

La gêne circulatoire qui se fait sentir aux environs du cœur se propageant de proche en proche, la circulation périphérique s'accomplit mal ; les parties sur lesquelles s'exerce la pression du corset ont de plus leurs capillaires comprimés et sont d'autant plus mal nourries ; à la moindre cause, en admettant que celles dont nous venons de parler ne soient pas suffisantes, on verra se produire des congestions dans divers organes : poumon, foie, cerveau, etc.

Nous avons essayé de montrer dans ce qui précède la fâcheuse influence que pouvait avoir la compression de la poitrine par le corset sur ces deux importantes fonctions de l'économie : respiration et circulation. Est-ce là tout? non, hâtons-nous de le dire, car c'est peut-être dans les troubles digestifs que nous trouverons sinon les plus graves, au moins les plus pénibles, les plus douloureuses et les plus certaines incommodités.

La digestion est une fonction par laquelle certaines substances organiques introduites dans des organes particuliers sont converties en un suc réparateur qui se mêle au sang, et en matières excrémentitielles qui sont rejetées au-dehors (Littré et Robin).

Le tube digestif commence à la bouche et se termine à l'anus ; les aliments ne séjournent pas pour ainsi dire dans sa partie supérieure, ils parcourent rapidement l'œsophage et viennent s'accumuler dans l'estomac, sorte d'ampoule membraneuse située au-dessous du diaphragme destinée à cet usage et où ils doivent séjourner quelque temps pour y être soumis à l'action du suc gastrique.

A mesure qu'il reçoit des aliments l'estomac augmente de volume, glisse entre les feuillets du grand épiploon et de l'épiploon gastro-hépatique, sa face antérieure tendant à devenir supérieure s'applique contre le diaphragme, et sa grande courbure avance en avant contre les parois abdominales.

Après un repas copieux on éprouve un sentiment de gêne ; l'augmentation de volume que subit l'estomac l'oblige en effet à repousser le diaphragme, bien que les parois abdominales cèdent devant lui et que l'intestin se tasse pour ainsi dire. Or la partie inférieure du corset comprime l'abdomen et le maintient, c'est donc presque aux dépens de la seule cavité thoracique que l'estomac se distend pendant le repas chez les femmes qui en font usage, qu'il soit un peu trop serré, et les aliments pris même en petite quantité, contribueront à produire avec plus d'intensité les troubles des fonctions respiratoires et circulatoires que nous avons signalés plus haut.

Un vêtement trop juste, un lien circulaire autour du tronc pendant le repas suffisant à produire ce sentiment de gêne, à plus forte raison sera-t-il inévitable chez les personnes qui portent un corset enveloppant la presque totalité du thorax et de l'abdomen, et nous en avons vu dont le busc descendait jusqu'à deux ou trois travers de doigt au-dessus du pubis.

Nous nous souvenons d'avoir nous-même éprouvé de véritables malaises. Le premier jeudi du mois était un jour de fête quand nous étions sur les bancs du Lycée ; emprisonné dans l'uniforme, nous allions passer la journée dans notre famille ; peut-être trouvions-nous la cuisine paternelle préférable à celle de l'économat et y faisions-nous plus d'honneur, mais aussi que de fois nous fûmes obligé vers la fin du repas de déboucler notre ceinturon pour ne pas suffoquer. Aujourd'hui cela nous donne une idée de l'inconvénient du corset pour les femmes, car l'étiquette et la bienséance les empêchent de se délacer pendant le repas. Aussi les voyons-nous manger du bout des dents, redoutant ces malaises qui ne laissent pas quelquefois de se produire, et que l'on combat en général par les moyens qui ne peuvent que les aggraver ; au lieu de vous gorger de thé et autres boissons, qui ne font qu'augmenter le volume de l'estomac, délacez-vous, et, comme par enchantement, toute indisposition cessera ; il y aurait mieux encore, Mesdames, ce serait de renoncer aux corsets, aux corsets trop serrés surtout.

Mais l'estomac n'est pas seulement un lieu de séjour pour l'aliment, c'est aussi un agent actif; pour que le bol alimentaire soit intimement mélangé avec le produit des glandes à pepsine, il se contracte sur lui, le tourne le retourne sans cesse jusqu'à ce que suffisamment élaboré il le laisse pénétrer par le pylore dans le duodenum. Si l'estomac comprime les organes voisins, il est comprimé par eux, comprimé surtout par le corset qui l'empêche de distendre les parois abdominales, ce qui le mettrait plus au large; dans ces conditions, le suc gastrique se mélange mal aux substances ingérées, et c'est incomplétement préparées qu'elles sont soumises à l'action de la bile et du suc pancréatique.

Ces deux liquides sont versés par le foie et le pancréas dans la première portion de l'intestin grêle (duodenum) et doivent faire subir à l'aliment une dernière préparation, après quoi, le suc intestinal aidant, il sera absorbé; les matériaux impropres à la nutrition resteront seuls, lesquels cheminant le long de l'intestin seront rejetés sous forme excrémentitielle.

Le foie, situé dans l'hypocondre droit, est soumis à l'action presque directe du corset qui pèse sur lui, c'est l'organe que, dans les autopsies, on a trouvé le plus souvent déformé par l'abus de ce genre de vêtement. M. le professeur Cruveilhier cite dans son anatomie un cas où il l'a vu descendre jusque dans la fosse iliaque droite; nous verrons que Lombard a trouvé une plus grave déformation, chez une femme qui s'était toujours comprimée très-fortement la taille. Que ces déformations entravent la sécrétion biliaire, on le comprend ; mais il y a plus, les troubles de la circulation déterminent fréquemment une hypérémie du tissu hépatique ; de l'hypérémie au catarrhe, il n'y a qu'un pas ; que les canaux biliaires se prennent, l'écoulement de la bile cessera soudain. Nous serions presque tentés de rattacher à l'usage du corset la plus grande fréquence de l'ictère chez la femme. Un fait avancé par Hoffmann, Haller, Sœmmering, Pinel, Hein et confirmé par Frerichs, Trousseau, Monneret, c'est que la cholélithiase est plus commune chez elle que chez l'homme. Il n'est pas rare en effet de trouver à l'autopsie chez les femmes d'un certain âge plusieurs calculs dans la vésicule biliaire ; nous en avons deux beaux spécimens sous les yeux, trouvés par nous chez une malade morte à l'hospice Cochin au mois de décembre 1873, service de M. Bucquoy, malade qui présentait, quoique à un moindre degré, la déformation caractéristique du foie signalée par M. Cruveilhier. Un catarrhe de la vésicule, survenu sous l'effet de la compression du corset, détermine la stase de la bile, qui se décompose et donne lieu à la formation de calculs. Il faut n'avoir jamais vu souffrir un malade atteint de coliques hépatiques pour s'exposer gratuitement à contracter cette douloureuse affection.

Nous citerons à ce propos une observation publiée par Lombard en l'an VII dans le Journ. gén. de médecine, en ne donnant que les résultats de l'autopsie.

« La citoyenne de Remont portait dès son enfance un « corps de baleine . . . .
« . . . . . . Nous fîmes l'auptosie en présence du mé- « decin de la famille et de mon ami Telinge. Le bas ventre « ouvert, nous trouvâmes la région qu'occupe le foie « privée de ce viscère ; les ligaments confondus et mécon- « naissables avaient contracté des adhérences, le diaphrag- « me nous parut déprimé, le foie était descendu jusque « dans la fosse iliaque gauche et adhérait aux viscères ; « la vésicule du fiel était vide, ses parois rapprochées, les « canaux cystique et cholédoque comme oblitérés, le duo- « dénum avait changé de situation ; le péritoine était « tubuleux et adhérent intimement au foie ils présentaient « ensemble une masse informe : un bistouri plongé dans « cette tumeur donna issue à une grande quantité de pus; « ayant introduit le doigt dans l'ouverture, j'en retirai une « pierre assez volumineuse ; la masse entière ayant été « détachée, je la partageai en deux, nous découvrîmes un « foyer dans lequel il y avait neuf pierres biliaires de forme « cubique et de différentes grosseurs. »

Si la sécrétion biliaire s'accomplit mal, et nous le voyons, ce ne sont pas les causes qui manquent, les aliments seront obligés de parcourir le tube intestinal tels qu'ils auront été ingérés, source continuelle d'excitation pour la muqueuse intestinale. Mal préparés par le suc gastrique, mal élaborés par la bile, qui si elle est de bonne qualité n'est pas sécré- tée en quantité suffisante, ils vont eux-mêmes être une cause de stase biliaire, car si la muqueuse de la première portion de l'intestin grêle s'enflamme, l'imflammation se propageant au canal cholédoque obstruera la lumière de ce canal qui ne laissera plus rien passer.

L'estomac fatigué se débarrassera souvent par le vomissement ; des éructations, du pyrosis seront la première conséquence de la paresse de la digestion. Mais bientôt apparaîtra le cortége de ces gastralgies, de ces dyspepsies rebelles, qui résistent à toutes les médications et disparaitraient, nous en sommes convaincus, par la prompte suppression du corset.

Du côté de l'intestin des troubles sérieux et graves ne pourront manquer de se produire si l'on n'y met bon ordre mais la conséquence fatale et inévitable sera le mauvais état de la nutrition.

Un fait ressort de ce que nous venons d'étudier, fait important, car il justifie l'opinion de ceux qui combattent le corset; on leur a dit souvent en effet: comment pouvez-vous comprendre qu'une femme puisse se serrer de manière à produire tous les désordres que vous signalez? il est nécessaire pour qu'ils se produisent que les cavités thoraciques et abdominales aient notablement diminué de capacité. On n'a qu'à observer ce qui se passe pour détruire cet argument, le corset est la cause première, mais ce sont surtout les organes atteints d'abord faiblement, qui réagissent de proche en proche les uns sur les autres, se gênent mutuellement et contribuent à produire chez leurs voisins ce que leurs voisins produisent chez eux à leur tour.

La nature a imposé à la femme une noble tâche c'est elle

qui est chargée de porter l'œuf humain dans son sein, de le nourrir de sa vie propre, jusqu'au jour où venant au monde il devient un nouvel être qu'elle se voit encore obligée de protéger, de défendre, d'abreuver de son propre lait : créée pour aimer et reproduire, la femme se doit à sa fin et devrait renoncer à tout ce qui peut débiliter sa santé et l'empêcher d'accomplir ses devoirs de mère.

Mais la fâcheuse pression du corset n'influe pas seulement sur la santé générale de la femme elle s'attaque à l'appareil reproducteur :

L'aptitude à concevoir se révèle chez la femme vers l'âge de 13 à 14 ans par la première apparition des règles; cet écoulement, mensuel en général, plus tardif et moins régulier chez les jeunes filles faibles et mal formées, est un signe de bonne santé et l'on doit veiller à ce qu'il s'établisse au moment voulu et d'une façon régulière. A la campagne où l'usage du corset est moins fréquent, les règles quoique commençant plus tardivement en raison de causes que nous n'avons pas à examiner ici, s'établissent sans difficulté et sans souffrance aucune pour la femme, la dysménorrhée y est rare. Quand nous avons eu l'occasion de voir des jeunes filles et même des femmes mariées se rouler sur leur lit en proie à des douleurs comparables en intensité à celles de l'accouchement, l'usage d'un corset trop serré était pour beaucoup, croyons-nous, dans la difficulté qu'éprouvait le sang menstruel à s'écouler ; l'utérus est un organe si délicat, qu'un rien, un léger changement de situation, une compression légère peuvent troubler ses fonctions.

L'appareil de la génération chez la femme, se compose des ovaires, d'où l'ovule arrivé à maturité passe dans les trompes conduits qui le guident jusqu'à l'utérus ; de l'utérus qui est chargé de recevoir l'ovule, et, s'il est fécondé, de le retenir dans sa cavité, jusqu'au moment où le fœtus capable de vivre de sa vie propre est expulsé par les douleurs de l'accouchement.

L'appareil de la génération est si important chez la femme, que le médecin tourne toujours ses investigations de son côté lorsqu'elle se plaint de troubles ou de malaises divers, et un de nos éminents professeurs M. Lorain a pu dire : la femme est un utérus servi par des organes. D'un autre côté si les affections utérines ont un retentissement sur l'économie entière, n'est-il pas logique de penser que les maladies des autres organes peuvent avoir un retentissement sur l'organe gestateur, mais nous ne nous arrêterons pas plus longtemps à cette idée, et nous allons étudier l'action d'un corset trop serré sur l'utérus à l'état de vacuité et à l'état de plénitude.

Nous connaissons l'action du corset sur les trois grandes fonctions de l'économie que nous venons d'étudier plus haut, nous avons vu que les troubles qui surviennent dans leur accomplissement, dépendent de la diminution de capacité des cavités thoraciques et abdominales, survenus grâce à la pression qu'il exerce sur leurs parois.

L'utérus, situé dans le petit bassin (excavation des accoucheurs), fixé dans ses parties latérales par les ligaments larges est susceptible de s'incliner en avant ou en arrière à cause de la laxité plus grande des ligaments antérieurs et postérieurs.

Qu'un paquet intestinal, par exemple, vienne se loger profondément dans un des culs-de-sacs, ce qui ne manquera pas d'arriver si l'intestin se trouve comprimé, l'utérus basculera et nous nous trouverons en présence d'une anté ou d'une rétro-version ; le museau de tanche au lieu de présenter son orifice dans le milieu du vagin s'accolera, soit à la paroi antérieure, soit à la paroi postérieure de ce conduit, de là pour la femme une difficulté plus grande pour concevoir, difficulté signalée par les spécialistes. On comprend en effet qu'en raison de l'obliquité de la cavité du col le liquide spermatique pénétrera avec plus de difficulté dans l'intérieur de l'utérus pour aller à la rencontre de l'ovule qui doit être fécondé. L'usage du corset apporte donc en première ligne à la femme qui en fait usage, une cause mécanique de stérilité. L'utérus comprimé, dans un état de gêne continuelle jointe à une faible complexion de la femme, à l'embarras de la circulation, voit sa muqueuse dans un état presque perpétuel de congestion ; un degré de plus, à la moindre cause une métrite se déclare ; joignez à cela un écoulement leuchorréique constant, voilà une source d'incommodités et de souffrances, voilà encore une cause nouvelle de stérilité. Mais la femme a conçu, son utérus recèle un embryon, si alors elle continue de se serrer la taille outre mesure pourra-t-elle atteindre le terme de sa grossesse? à trois mois l'utérus est au pubis, il remplit le petit bassin; à six mois il refoulera l'intestin par en haut et atteindra l'ombilic, mais comment pourra-t-il l'atteindre ? la malencontreuse pression du corset sur la partie supérieure de l'abdomen ne sera-t-elle pas là pour l'arrêter ? on verra alors se produire ce qui se passe lorsque l'utérus a perdu sa faculté de distension ; c'est-à-dire l'avortement. Peut-être au milieu des troubles graves de la respiration et de la circulation la grossesse atteindra-t-elle une époque plus avancée, mais alors l'utérus continuellement agacé, si la femme n'a pas l'intelligence de supprimer toute gêne dans ses vêtements, l'utérus, dis-je, se contractera prématurément et l'on comprend facilement qu'alors surviendront des décollements de l'œuf qui amèneront toujours la fausse couche. Avant six mois, mort certaine de l'enfant, après six mois mort probable, et toujours, grave danger pour la femme !

C'est surtout chez les filles mères que le corset est la cause de fréquents avortements, elles s'en servent pour cacher leur grossesse ; espérant arrêter le développement de leur ventre, elles se serrent le plus possible, sans idée criminelle le plus souvent et tuent ainsi le fruit qu'elles portent dans leur sein.

Au mois d'août 1874, aucun médecin ne se trouvant dans le voisinage, nous fûmes prié de nous rendre auprès d'une jeune fille âgée de 19 ans qui venait d'avoir une perte assez abondante pour alarmer sa famille. A notre arrivée nous trouvâmes la malade en proie à d'assez violentes douleurs, semblables en tout aux douleurs expulsives de l'accouchement ; peu de temps après en effet elle expulsa un œuf entier contenant un embryon que nous avons conservé et qui nous parut avoir de 2 à 2 mois et demi; l'hémorrhagie s'arrêta soudain.

Le lendemain nous visitâmes de nouveau la malade et nous trouvant seul avec elle, nous lui demandâmes brusquement depuis combien de temps elle était enceinte car la veille elle avait répondu négativement à toutes les questions faites sur ce sujet, et ignorait qu'elle se fut débarrassée du produit de la conception que nous avions fait rapidement disparaître. Elle nia d'abord, mais lui ayant appris comment les choses s'étaient passées, elle finit par avouer qu'elle avait eu environ trois mois auparavant des rapports avec un jeune homme de la localité et que ses règles n'avaient pas reparu depuis le 29 mai. « Me voyant enceinte, nous « dit-elle, je serrai mon corset outre mesure et me mis une « serviette autour du ventre pour empêcher qu'il ne grossît « espérant être mariée avec mon amant, avant que mes pa-« rents ou les voisins s'aperçussent de quelque chose. » La santé de cette personne, paraît actuellement affaiblie, et les règles ne se sont jamais rétablies régulièrement depuis, renseignements que nous avons eus par correspondance.

En général les femmes ont assez de sens pour éviter, lorsqu'elles sont enceintes tout ce qui pourrait les blesser, mais qu'elles soient obligées de paraître dans une soirée elles se résigneront difficilement à y aller sans corset ; beaucoup toutefois, rendons-leur cette justice, sacrifient leur coquetterie au désir d'être mère et suivent ponctuellement les conseils de leur médecin.

Mais à la naissance de l'enfant beaucoup aussi sont obligées de le confier à des mains mercenaires, car elles ne pourraient supporter les fatigues de l'allaitement, et chose plus grave, parfois, ne pourraient pas allaiter.

Les mamelles en effet doivent être assez développées pour fournir la quantité de lait nécessaire à la nutrition de l'enfant, et il faut que leur mamelon soit assez saillant pour pouvoir être pris sans difficulté.

Si un corset comprime la glande mammaire dès l'enfance il est certain qu'elle s'atrophiera, et ne se développera pas ; les religieuses réussissent souvent à produire cette atrophie à un âge plus avancé, et le mamelon enfoncé au milieu des tissus comme cela se voit souvent, n'aura ni le volume ni la rigidité nécessaires.

Ici devait se terminer notre étude, mais nous avons craint d'être accusé de partialité ; si malgré la critique des philosophes, les dangers signalés par les médecins, l'usage du corset tend de jour en jour à devenir plus général, ne pourrait-on pas en effet nous taxer d'exagération et nous reprocher de n'avoir considéré que les désavantages de ce vêtement sans avoir tenu compte des avantages qu'il peut offrir. — A mesure que la femme se développe ses seins augmentent de volume et ont besoin d'être soutenus ; lorsqu'une grossesse, et à plus forte raison plusieurs, ont rendu ces organes plus volumineux tout en diminuant leur consistance, il est nécessaire d'empêcher par un moyen artificiel leur frottement contre la paroi thoracique pour éviter les excoriations et l'intertrigo qui ne manquent pas de se produire surtout pendant les chaleurs de l'été. Demander ce service au corset si cela est possible, n'est-ce pas plus logique que d'aller chercher un autre moyen qui serait peut-être plus défectueux ?

A cela nous ne trouvons rien à répondre, et nous laisserons une entière liberté à la femme si elle veut se montrer raisonnable, chose bien difficile quand il s'agit de coquetterie. Qui nous sera garant que son corset n'est pas trop serré ? Le serait-il trop elle n'en conviendrait jamais. Cependant nous reconnaissons qu'il serait difficile de trouver un moyen plus commode en faisant subir au corset quelques modifications que nous indiquerons plus loin.

Dans notre état social actuel, les femmes mènent une vie sédentaire, sortent peu, font peu d'exercice, et ont besoin, a-t-on dit, lorsqu'elles sont obligées de s'exposer à quelque fatigue, d'avoir un soutien, un appui, et c'est pour cela que le corset aurait été imaginé. On connaît déjà notre opinion à ce sujet, nous n'y reviendrons pas.

Le corset serait utile pour empêcher les liens qui retiennent le jupon d'imprimer un sillon défectueux à l'endroit où il s'attache, et empêcher par cela même qu'il n'exerce une nouvelle compression : à cela nous répondrons qu'il serait facile de remédier à cet inconvénient en donnant plus de largeur à ces liens, la forme des hanches chez la femme ne leur permettrait pas de glisser, et la compression qu'ils exerceraient serait d'autant moindre qu'elle se ferait sur une plus large surface.

Vouloir aller contre la mode, c'est se heurter à un obstacle infranchissable : nous aurons beau dire à nos élégantes que la nature est plus belle que l'art, nous aurons beau leur dire que personne n'admirerait la Vénus de Milo si elle portait un corset ; nous aurons beau leur faire remarquer que l'artiste ne lui a même pas mis la ceinture traditionnelle pour ne pas déranger ses contours harmonieux, elles nous répondront par les paroles de Léon Gozlan ; « Dieu fit la femme et nous la dame : si Ève reve- « nait elle ferait peur, il n'y aurait pas le moindre serpent « pour la séduire, on ne lui offrirait pas des pommes, on « lui en jetterait. »

Nous aurons beau dire aux mères de famille: supprimez le corset de vos enfants, laissez-les se développer en toute liberté, si dans les villes le grand air et le soleil font défaut, à ces inconvénients n'en ajoutez pas de plus graves, ne donnez pas un surcroit de travail à la nature qui ne demande qu'à être libre pour bien faire. Laissez les enfants se livrer aux jeux de leur âge, n'apportez aucune gêne à leurs mouvements, et vous aurez des filles robustes, pleines de santé, capables à leur tour d'avoir des enfants pleins de force et de vie ; laissez agir la nature, elle ne se trompe jamais, elle ne peut pas se tromper. — Elles nous répondront que leurs mères leur ont fait porter un corset, qu'au début il est vrai elles en ont éprouvé de la gêne, mais que l'habitude est une seconde nature, qu'elles ne *pourraient s'en passer*, qu'au fait c'est la mode et pour se servir de leur expression qu'elles ne veulent pas que leurs filles aient gros ventre.

Mais que faire alors puisque prêcher contre le corset

est inutile ? il ne faut pas croire que nous en soyons ennemi de parti pris. Ce que nous redoutons c'est l'excès et l'abus que l'on en fait.

Pour nous, si une femme nous demandait un conseil, nous lui signalerions d'abord tous les inconvénients et les dangers dont nous avons parlé ; nous lui dirions que nous ne reconnaissons au corset qu'une seule utilité, celle de dissimuler les défauts de la taille chez une personne mal faite, et, si elle ne se rendait pas à nos raisons, nous lui conseillerions de porter un corset sur mesure dans la confection duquel entreraient le moins possible de baleines et d'acier ; si ces objets étaient indispensables, elle devrait les choisir le plus flexible et le moins lourd possibles. Ce corset devrait être assez lâche pour ne pas déterminer de malaise lorsque la taille augmente de volume, c'est-à-dire après le repas et pendant la menstruation, nous lui conseillerons même de le mettre de côté dans ce dernier état et pour qu'elle ne fut pas tentée de le serrer outre mesure, nous proposerions de supprimer complètement le système de lacets situés à la partie postérieure. Pendant la grossesse nous serions inflexible, et nous ne voudrions ni d'un corset ni d'un vêtement qui pût s'opposer au libre et complet développement de l'utérus. Quant aux mères de famille nous regretterions profondément qu'elles ne veuillent pas suivre nos conseils, et nous proscririons complètement l'usage du corset au moins jusqu'à l'âge de la puberté.

QUESTIONS.

Anatomie et histologie normales. — Des aponévroses.

Physiologie. — De la sécrétion de la bile et du rôle de ce liquide.

Physique. — Description des piles les plus usitées.

Chimie. — Théories sur la constitution chimique des sels. Action des sels les uns sur les autres. Lois de Berthollet et de Wollaston.

Histoire naturelle. — Des tiges, leur structure, leur direction. Caractères qui distinguent les tiges des monocotylédonés de celles des dicotylédonés. Théories sur leur accroissement.

Pathologie externe. — De l'astigmatisme.

Pathologie interne. — Des concrétions sanguines dans le système veineux.

Pathologie générale. — Des métastases.

Anatomie et histologie pathologiques. — Des lésions des nerfs.

Médecine opératoire — De la valeur des appareils inamovibles dans le traitement de la coxalgie.

Pharmacologie. — Des gargarismes et des collutoires. Des collyres gazeux, liquides, mous et solides. Des injections. Des inhalations. Des lotions. Des fomentations. Des fumigations etc.

Thérapeutique. — Des indications de la médication tonique.

Hygiène. — De l'action de la lumière sur l'organisme.

Médecine légale. — Empoisonnements par le chloroforme et l'éther. Comment peut-on reconnaître la présence de ces anesthésiques dans le sang.

Accouchements. — Des paralysies symptomatiques de la grossesse.

Vu bon à imprimer,

BOUCHARDAT.

Vu et permis d'imprimer

Le Vice-Recteur de l'Académie de Paris,

MOURIER.

Mayenne, Imp. A. DERENNE. — Paris, boulevard Saint-Michel, 52.

www.ingramcontent.com/pod-product-compliance
Ingram Content Group UK Ltd.
Pitfield, Milton Keynes, MK11 3LW, UK
UKHW032013260826
14628UKWH00005B/2464

9 782019 725419